Hernando Cardozo Luna

LIBRO DE POEMAS

 HCL

Hernando Cardozo Luna

El colibrí en el mandarino

Derechos de la obra

"Pero Que tu forma fantástica ceñía,
poco importa burlar brazos y pecho
si te labra prisión mi fantasía".

Sor Juana Inés De La Cruz.

El quinto también es para ti

Contenido

VUELO

El colibrí libando.
Superior al poema.

SAN VALENTÍN

No te miro,
porque me vez.

No te hago detalles,
porque me complaces.

No te beso
porque me atas a tus brazos.

No te quiero
porque te amo.

HAI–KU XXXVII o EL ALIMENTO

Donde bajó el turpial
a cantar
quedó un cerezo incompleto.

HAI KU XXXVII o LA ATRACIÓN

Al árbol
que sombrea el lago,
se le desgajó una circunferencia.

TODO

La existencia es soportable,
con unos labios al frente.

NOCHE

La noche muestra a la luna,
sirviendo de centro,
a una clara circunferencia,
rodeada de inmensurables grises.

Anapoima, mayo 21 de 1994

OJO QUE

Se nos van a olvidar
los pantalones cortos,
los zapatos tenis,
los trajes de corte oscuro,
la hora del medicamento,
y cuantas cosas
por respirar.

DEDICATORIA

A ella, la de ojos de mar,
y piel del Gran Cañón,
cómplice necesaria
de toda letra.

LA FRUTA

Hay frutos que nos activan
por su color, por su volumen,
por su aroma, por su forma,
incluso,
por su nombre.

Mandarina.

DESEO

Diez años atrás a estas líneas, me encontraba jugando una
partida de tenis, y en un cambio de lado observé cómo un
pájaro revolucionaba sus alas al máximo, a fin de evitar una
caída. El esfuerzo fue inútil, alargué la raqueta y el diminuto
cuerpo cayó en la cuerda. No tenía herida superficial. Su
pecho jadeaba, pedí agua a quienes me rodeaban, mojé su
pico y le salpiqué el plumaje. Ya entre las palmas de las
manos me pareció que reagrupaba sus energías cuando
trató de aferrarse en la piel en que por primera vez
posaba. Lentamente fui al fondo del campo insinuándole
una rama de pino, a la que saltó. Reinicié el juego, lancé la
bola y con el golpe dado fue a caer directo al cuadro de
servicio de mi contendor.

Desde aquel entonces, deseo que la poesía que escribo sea
como la actividad del colibrí.

SENCILLO

Muerte, muerte, ¿qué es?
Dejar de joder, así de sencillo.
¿Dónde, pues, el misterio?

DESINFORMADO

De qué sirve un amanecer
infectado por letras,
de lo que pasó ayer.

GOLPE DE ÁNIMO

He conspirado.
Sólo razón.
La orden está dada.
Muerte, al sentimiento.

KUN, LO RECEPTIVO

El dragón nada tiene que hacer en el cielo,
sólo la tierra es su recipiente.

LOS ETERNOS

Algún día voy a contar
una historia de dos.
Tal vez sea,
la de Sahara y Nilo.

ACRÓSTICO

Del harén de letras
tomo cuatro para dibujarte,
la, b
la, e
la, ll
la, a.

LOS NÁUFRAGOS

Arponados,
sin bote, sin red,
sólo agua,
tu inmensa agua,
por recorrer.

EROS

Mi árbol plantado
sobre un césped negro,
hurga
dentro de tu selva
todo un paraíso.

CANCIÓN MILITAR

Se van, se van, se van,
los hijos,
con el uniforme del mundo,
a la tierra del desierto.

TERRORISTA

Tu cuerpo
activado,
es
una
bomba.

LASTRE

Compañera de cosmo,
agrega dos o tres encajes a tu piel
y vamos
a lo eterno.

NOSTALGIA

Ya no existe tren con humo,
ni pesada bicicleta,
el avión de hélice va al museo,
la niña desconoce la técnica
para zurcir la trenza,
hoy se viaja
con el cabello suelto.

ANTEOJOS

Alguien dirá
que los ojos adquieren edad,
que hay necesidad de acercarles
la vida.

HAI KU XXXIX O LA PUESTA

La tierra tiene una rajadura
por donde el sol
se baja.

LUTO

La lencería negra
es para lucir
en la intimidad de las alcobas
y no en la frialdad de los atrios.

BIOGRAFÍA

Soy tan agua como la de cualquier gran río,
sólo que,
para beberme
hay que ir a la entraña de la tierra.

SUEÑO

¡Qué pereza despertar!

TRIVIAL

Como es de lindo tu bebé,
que rápido aprendió a caminar,
cómo está de grande,
pero si ya es todo un mayor,
lo joven que se graduó,
cada día se parece más al padre,
qué inteligente es,
linda pareja la que forman.

Y todos a la larga terminarán,
en lo mismo que sabemos.

HAMBRUNA

El arroz tiene una vaina,
la bala de plomo también.
El arroz mitiga el hambre,
la bala de plomo va más allá.

Elimina al hambriento.

RELEVO

Ayer observé, no por casualidad,
cómo te besaban.
Sentí rubor y rabia.
Que extraño, igual le aconteció
a tu abuela.

AMIGO

A usted lo conocí en la infancia
lo admiré, lo creí, lo temí, lo lloré,
conversamos e hizo cosas a mi favor.
Luego lo olvidé
y como sucede, casi siempre,
hoy quiero retomar la amistad.
La razón una sola.
Yo cambié, pero usted sigue siendo el mismo.

Señor de la Cruz.

VIRGEN

Los tiempos no cambian.
Era falta de carácter,
pero hoy deseo confesarlo.
Al levantarme y al acostarme
te observo
con una túnica azul
sostenida por una nube,
las manos palma a palma
y tus ojos
mirándome.

VISITA

De lejos, todo lo añoramos.
¿Que dónde están?, ¿que cuándo vuelven?,
¿que por qué no visitan?
De cerca, todo lo alejamos.
¿Que cómo comen?, ¿que cómo visten?,
¿que cómo hablan?,
¿que cuándo se van?

BAUTISMO

El nombre que me dieron,
el que a fuerza de estar acompañándome
designa lo que soy.

Cómo se escucha de
distinto
cuando tus labios
lo callan.

HISTORIA

Quería una palabra mayor, Monumental,
por eso fui
a algo más que un juego,
por eso fui a Buenos Aires,
un cinco de septiembre,
dos años antes de mil novecientos noventa y cinco,
una hora después
de las cinco
en la tarde,
a testimoniar, entre setenta y cinco mil,
cómo al equipo de la Historia,
se le hacían cinco
goles
de Colombia.

Buenos Aires, septiembre 5 de 1993
en las graderías del Monumental.

SEPARACIÓN

Existen momentos en el día
en donde el alma se sustrae del cuerpo.
Acalorada, aburrida,
vaya a saberse.
¡Sombras! ¡Sombras!
Quien lo creyera.

CONCIERTO

Fuego encendido.
Río de agua.
Mar de sal.
Noche encovada.
Montaña estática.
Hierba adherida.
¿Qué tienen por decir?
¿Por qué nadie habla?
¿Quién orquestó este silencio atronador?

DIFERENCIA

El viento levanta la arena
como queriendo desnudar al desierto.
Mis manos no son aire,
ni tu cuerpo árido.

ANGUSTIA

El cuerpo anclado
teme
por la orden de zarpar.

MARTIRIO

Éramos dos.
Tú y Yo,
tan jóvenes, tan distintos,
tan llenos de ganas.

Ahora seguimos siendo dos,
Tú y Yo.
Tan parecidos,
tan sin ganas.

RESPUESTAS

Nadie va a preguntar
con qué mano te escribí,
si fue de día o de noche,
si eras real o fantasía.

A nadie voy a dar respuesta
porque nadie va a indagar
con qué mano te escribí,
si fue de día o de noche,
si eras real o fantasía.

Pregunta, respuesta,
mano escritura,
día o noche,
real o fantasía.

¡Y que así sea!

ANALISIS

No hay un sólo tramo de tristeza
sobre mis letras,
ni asomo de disfraz.
Escribo,
porque me arde tu belleza
y el fuego consume a la vida
y a la muerte
pero no a la poesía.

COQUETO

El amor es como ir al mercado,
se busca de puesto en puesto,
de alma en alma,
porque el amor quieto
quita
hasta las ansias de mercar.

EL OBSTÁCULO

No he podido besar tu alma,
me lo impiden tus labios.

LA SIERRA

Por fin vi un pájaro carpintero.
Estaba en lo alto del árbol,
no en busca de larvas:
picoteando su testamento en clave Morse
cuando la sierra le interrumpió.

Quedó abierto un agujero,
su último trabajo.

Las alas se cerraron.

SITUACIÓN

Ellos flotan,
llevan la cuenta del tiempo
pero no eran así,
ni lo que son hoy,
ni lo serán después.

Son los habitantes de la inmensidad.

AUTOR

Hernando Cardozo Luna nació en Bogotá el 30 de septiembre de 1948. Es un prestigioso abogado, doctor en Ciencias Jurídicas y Socioeconómicas, de la Pontificia Universidad Javeriana.

Su obra literaria incluye:

"Punta Azul" (1987) - Su primer libro de poemas, que marcó el inicio de su carrera literaria.

"Sonata en ti Sostenida" (1989) - Una obra que explora la musicalidad del lenguaje y las emociones humanas.

"Olor a ti" (1992) - Poemas que evocan los sentidos y la intimidad de las relaciones.

"Tu Boca Pintada" (1993) - Un viaje lírico a través del amor y el deseo.

"El Colibrí en el Mandarino" (1995) - Una colección que combina la naturaleza con la reflexión poética.

"Haiku" (2025) Su más reciente trabajo literario.

CONTACTO

Si desea obtener más información sobre el autor y/o puede contactarnos al siguiente correo: poesiahcl@gmail.com Escanea el código QR y contáctenos.

¡Muchas gracias!

Made in the USA
Middletown, DE
15 December 2025

23318648R00040